D1844052

CERES KULINARISCH

AUFLÄUFE

CERES KULINARISCH

AUFLÄUFE

CERES-VERLAG
BIELEFELD

INHALTSVERZEICHNIS

AUFLÄUFE

GRATINS

SOUFFLÉS

Austernpilzauflauf mit Currysauce 12
Makkaroniauflauf mit Schinken 14
Spinatauflauf mit Gorgonzolahaube 15
Fränkischer Krautauflauf 16
Kartoffelauflauf mit Hackfleisch
und Lauch 18
Hackauflauf mit weißen Bohnen 19
Fischauflauf 20
Blumenkohlauflauf mit Käsehaube 22
Auberginen-Tomaten-Auflauf 24
Blumenkohl-Broccoli-Auflauf 25
Maisauflauf amerikanische Art 26
Kartoffelauflauf mit Schinken 28
Badischer Nudeltraum 30
Exotischer Auflauf 31
Thunfischauflauf à la Cannes 32
Kieler Sauerkrautauflauf 34
Sauerkrautauflauf mit Quark 35
Quark-Nudel-Auflauf 36
Spargelauflauf 37
Gemüse-Reis-Auflauf 38
Erbsensoufflé 40
Kartoffelsoufflé 42
Käsesoufflés 43
Batatensoufflé 44
Möhrensoufflés 45
Kleine Käsesoufflés 46
Schinkensoufflés 47
Käsesoufflé mit Lauch 48
Roquefortsoufflés 49
Pfannkuchengratin 50
Kohlrabi-Kartoffel-Gratin 52
Nußcrêpesgratin mit
Radicchiofüllung 53
Walliser Gratin 54
Pilz-Kartoffel-Gratin 55
Zucchinigratin 56
Maisgratin 57
Zwiebelgratin 58
Kartoffelgratin mit Blattspinat 59
Grünes Quarkgratin 60
Hügelgratin 61

Eine Masse aus Fleisch, Gemüsen, aromatischen Gewürzen, aus duftenden Kräutern und Käse, alles eingeschlossen in eine Eiermilch: Diese Mischung entpuppt sich im Backofen zu einer köstlichen Komposition! Dann ziehen gute Düfte durch die Küche, jeder schaut gespannt auf die sich appetitlich goldbraun färbende Delikatesse und freut sich mit Recht auf das herrliche Geschmackserlebnis mit Namen Auflauf. Phantasie und Ideenreichtum sind gefragt bei diesem Wohlgenuß aus dem Backofen. Denn zwischen einem deftigen Auflauf der regionalen Küche und einem Gratin von Nußcrêpes liegen Welten. Welten voll guten Geschmacks und kreativer Kochkunst. Je nach verwendeten Gewürzen und Kräutern, nach der Kombination der unterschiedlichen Gemüsesorten, Kartoffeln und Fleisch entstehen immer wieder neue Geschmacksvariationen. Und auch bei der Zubereitung bietet der Auflauf mehrere Möglichkeiten.
Am einfachsten läßt sich eine Masse durch eine stockende Eiermilch binden. Beim Soufflé sorgt Eischnee dafür, daß die Masse beim Garen Festigkeit erhält und hochsteigt. Als Drittes das Gratin, ein besonderer Genuß für all jene, die insbesondere von der knusprigen Kruste nicht genug kriegen können.
Doch gleichgültig, ob Sie nun ein Gratin, ein Soufflé oder ganz einfach einen Auflauf auf den Tisch bringen, Sie werden sicherlich nie „auflaufen", sondern immer gut ankommen!

AUFLAUFFORMEN

Ohne Form kein Auflauf, das ist klar. Aber die muß zwei wichtige Bedingungen erfüllen: Sie muß feuerfest (ofenfest) und robust sein. So ausgestattet kann sie die Hitze von Elektro- oder Gasherd aushalten. Egal, ob sie aus Porzellan, Keramik, Glas, Gußeisen oder gar glasiertem Ton ist. Hauptsache, sie ist groß genug. Beim Neukauf sorgen Sie vielleicht für zwei Formen. Für eine Familien- (4 Personen) und eine Gäste-Form (8 Personen), damit Sie auch Besucher gelegentlich mit einem herzhaften Auflauf verwöhnen können. Daß die Formen tischfein sind, versteht sich eigentlich von selbst. Denn die Aufläufe werden ja immer darin serviert.

Die Größe der meisten Formen aus emailliertem Gußeisen und Glas ist für den Vier-Personen-Haushalt konzipiert. Formen mit Glasdeckel aus feuer- und frostfestem Glasmaterial halten sowohl die Backofenhitze wie die Kältegrade im Gefriergerät aus. In quadratischen, ovalen und rechteckigen flachen Formen läßt es sich vortrefflich überbacken (gratinieren). Gut geeignet sind sie außerdem als Auflaufformen für den Zwei-Personen-Haushalt oder für Singles. Ein Miniauflauf läßt sich darin allemal zubereiten.

Noch ein Wort zur Technik: Falls ein Auflauf bei längerer Garzeit frühzeitig braun wird, muß er vorübergehend mit Alufolie abgedeckt werden, damit die Kruste nicht dunkelbraun und damit bitter wird. Kurz vor Ende der Garzeit kann man die Alufolie entfernen und den Auflauf noch rasch goldbraun backen.

Tips und Tricks

Es ist sicher nicht übertrieben zu sagen: Wer kein Auflaufrezept hat, macht sich selbst eins. Das klingt so einfach wie es ist. Denn Aufläufe sind reine Schichtarbeit. Zum Beispiel ein Nudelauflauf: Man gibt in die gefettete Form eine Lage Schinken, Tomatenscheiben und obendrauf wieder Nudeln, übergießt alles mit gewürzter Eiermilch und backt es im Backofen goldbraun. Dazu ein knackiger Salat und knuspriges Brot und ein vollständiges Mittagessen ist fertig.

Sehr wichtig:
Für alle Aufläufe gilt: Die Form stets kräftig einfetten und nie höher als zu Dreiviertel füllen. Denn der Auflauf „läuft auf" Prall gefüllte Formen aber laufen über.

Nun ist die Frage zu beantworten, ob Gratins auch zur Gattung Auflauf gehören. Die Antwort: Im Prinzip vielleicht, denn die Grenzen zwischen Auflauf und Gratin sind fließend. Unerläßlich ist bei

beiden, daß sie mit goldbrauner Kruste aus dem Backofen kommen. Wer nun also Braten, Kurzgebratenes, Gemüse oder Fisch, Geflügel oder gar Obst kurz vor Ende der Garzeit mit Käse und/oder Semmelbrösel bestreut, mit Butterflöckchen belegt oder mit Sauce überzieht und kurz überbackt (gratiniert), hat damit ein klassisches Gratin. Wer aber zum Beispiel das berühmte Gratin dauphinois zubereitet, hat im Grunde einen Auflauf. Das Original besteht aus gewürzten Kartoffelscheiben, die in eine flache, gefettete Auflauf- oder Gratinform geschichtet werden. Darauf gießt man eine Mischung aus Sahne oder Milch und geriebenem Greyerzer oder Emmentaler. Obendrauf kommt noch eine dünne Schicht Käse. Gegart wird im Backofen, bis das Gratin goldbraun ist, das Sie mit Fug und Recht auch als Kartoffel-Käse-Auflauf bezeichnen können.

Von allerlei Belag, der sich zum Überbacken eignet, soll hier die Rede sein. Und davon, wie man ihn am besten verwendet. Ob nun Auflauf mit oder ohne Eiermilch oder Sauce zubereitet wird, es gibt drei gute Möglichkeiten, ihm zusätzliche Würze und eine besonders schmackhafte Kruste zu geben.

1. Geben Sie reichlich geriebenen Käse und Butterflöckchen obendrauf.
2. Streuen Sie mit Semmelbröseln gemischten Käse auf die Oberfläche und verteilen Sie Butterflöckchen darauf.
3. Mischen Sie Semmelbrösel mit gemahlenen oder gehackten Walnuß- oder Haselnußkernen und geriebenem Käse (sehr lecker!) und streuen Sie die Mischung auf den Auflauf. Obendrauf kommen noch Butterflöckchen.

So kommen die Aufläufe in den kalten Backofen, im Durchschnitt für 40-60 Minuten, das gilt für vier Portionen.
Aufläufe mit kalten Zutaten kommen auf die untere oder mittlere Schiene, Aufläufe aus vorgegarten, warmen Zutaten auf die obere Schiene.

AUSTERNPILZAUFLAUF
MIT CURRYSAUCE

500 g Austernpilze
2 Eßl. Butter
250 g Hackfleisch (halb Rind-, halb Schweinefleisch)
5 Eßl. Fleischbrühe
Salz
frisch gemahlener weißer Pfeffer

Austernpilze putzen, mit Küchenpapier abreiben, in dünne Scheiben schneiden. Butter zerlassen, Hackfleisch hinzufügen, unter ständigem Rühren anbraten, dabei die Fleischklümpchen etwas zerdrücken. Pilze und Fleischbrühe hinzufügen, 5-10 Minuten dünsten lassen.

Die Hackfleisch-Pilz-Masse mit Salz und Pfeffer würzen. Butter in einem Topf zerlassen. Mehl darüberstäuben, unter Rühren hellgelb andünsten. Die Milch hinzugießen, mit einem Schneebesen gut durchschlagen, damit sich keine Klümpchen bilden. Die Sauce zum Kochen

bringen, etwa 5 Minuten bei geringer Hitze köcheln lassen. Mit Salz und Currypulver würzen.
Eigelb und Sahne verquirlen, die Sauce damit legieren (nicht mehr kochen lassen!).
Eine Auflaufform fetten, die Pilzmasse hineingeben, mit der Sauce übergießen.

Den Käse darüber streuen.
Die Form auf dem Rost in den kalten Backofen schieben.
Ober-/Unterhitze:
etwa 200 Grad
Heißluft: etwa 160 Grad
Gas: Stufe 3-4
Backzeit: 20-25 Minuten.
TIP: Salzkartoffeln oder Bauernbrot dazu reichen.

FÜR DIE CURRYSAUCE
- 20 g Butter
- 1 gest. Eßl. Weizenmehl
- 250 ml (1/4 l) Milch
- Salz
- 1 Teel. Currypulver
- 1 Eigelb
- 2 Eßl. Schlagsahne

- Butter zum Fetten der Form
- 2 Eßl. geriebener Parmesan-Käse

MAKKARONIAUFLAUF
MIT SCHINKEN

250 g Makkaroni
2 1/2 l Salzwasser
1 Eßl. Speiseöl
200 g gekochter Schinken
60 g geriebener Emmentaler-Käse
2 Eier
250 ml (1/4 l) Milch
Salz
geriebene Muskatnuß
frisch gemahlener Pfeffer
2 Eßl. Semmelmehl
Butter zum Fetten der Form

Makkaroni in fingerlange Stücke brechen. Salzwasser zum Kochen bringen, Nudeln hineingeben, Speiseöl hinzufügen, die Nudeln nach Packungsaufschrift garen. Zwischendurch probieren. Wenn die Nudeln gar sind, den Garvorgang mit einem Schuß kaltem Wasser beenden. Die Nudeln auf ein Sieb geben, abtropfen lassen. Schinken in Würfel schneiden. Makkaroni, Schinken und Käse lagenweise in eine mit Butter gefettete Auflauffform schichten. Die oberste Schicht sollte aus Makkaroni bestehen. Eier und Milch verquirlen, mit Salz, Muskatnuß und Pfeffer würzen. Die Masse über die Makkaroni gießen. Den Auflauf mit Semmelmehl bestreuen.

SPINATAUFLAUF
MIT GORGONZOLAHAUBE

Spinat sorgfältig verlesen, dabei die großen Blattstiele entfernen, den Spinat mehrmals waschen, abtropfen lassen.
Die Zwiebel abziehen, fein hacken.
Für die Sauce Butter in einem Topf zerlassen. Mehl darüberstäuben, unter Rühren goldgelb andünsten. Die Milch hinzugießen, mit einem Schneebesen gut durchschlagen, damit sich keine Klümpchen bilden. Die Sauce zum Kochen bringen, etwa 15 Minuten bei geringer Hitze köcheln lassen.

Gorgonzola in Stücke zerbröckeln, unter Rühren in die Sauce geben, mit Salz und Pfeffer abschmecken.
Salzwasser und Essig zum Kochen bringen. Die Eier einzeln in einer Kelle aufschlagen, in das schwach kochende Wasser gleiten lassen. Etwa 3-4 Minuten gar ziehen lassen. Mit einem Schaumlöffel vorsichtig herausheben.
Den Spinat in eine gefettete Auflaufform geben. Die pochierten Eier daraufsetzen, mit der Gorgonzolasauce übergießen.
Die Form in den kalten Backofen schieben, den Auflauf goldgelb überbacken..

Ober-/Unterhitze:
etwa 200 Grad
Heißluft: 160-180 Grad
Gas: etwa Stufe 4
Backzeit: 15-20 Minuten.

Butter in Flöckchen auf den Auflauf setzen.
Die Auflaufform auf dem Rost in den kalten Backofen schieben und den Makkaroniauflauf knusprig goldgelb backen.
Ober-/Unterhitze:
225-250 Grad
Heißluft: 170-180 Grad
Gas: Stufe 5-6
Backzeit: 40-50 Minuten.

1 kg Spinat
1 Zwiebel
2 Eßl. Butter
1 Knoblauchzehe
Salz
frisch gemahlener Pfeffer
geriebene Muskatnuß

FÜR DIE GORGONZOLASAUCE
2 Eßl. Butter
1 geh. Eßl. Weizenmehl
375 ml (3/8 l) Milch
200 g Sahnegorgonzola
Salz
frisch gemahlener Pfeffer

FÜR DIE POCHIERTEN EIER
1 l Salzwasser
4 Eßl. Weinessig
8 Eier

Butter zum Fetten der Form

FRÄNKISCHER
KRAUTAUFLAUF

1 mittelgroßer Kopf Weißkohl (etwa 1 kg)
1 Zwiebel
80 g Schweineschmalz
Salz
1 Lorbeerblatt
1 Gewürznelke
500 g Hackfleisch (halb Rind-, halb Schweinefleisch)

Den Kohlkopf waschen, kurz in kochendes Wasser geben (Foto 1), 6-8 große Blätter ablösen. Den restlichen Kohl kleinschneiden (Foto 2). Zwiebel abziehen, fein würfeln (Foto 3). Schmalz zerlassen, den kleingeschnittenen Kohl mit Zwiebelwürfeln, Salz, Lorbeerblatt und Nelke weichdünsten.
Eine Auflaufform fetten. Mit 3-4 Kohlblättern auslegen. Den gedünsteten Kohl mit dem Hackfleisch gut vermischen, mit Salz, Pfeffer und Kümmel würzen. Die Kohl-Fleisch-Masse auf die Kohlblätter geben. Mit den restlichen Kohlblätter abdecken.
Den Speck in dünne Streifen schneiden. Den Auflauf mit den Speckscheiben belegen

Den Kohlkopf in kochendem Wasser blanchieren.

Den Kohl kleinschneiden.

Die Zwiebel fein würfeln.

und mit saurer Sahne bestreichen.
Die Form auf dem Rost in den kalten Backofen schieben und backen.
Ober-/Unterhitze:
200-225 Grad
Heißluft: 170-180 Grad
Gas: Stufe 4-5
Backzeit: etwa 60 Minuten.
Den Auflauf zum Servieren in Scheiben schneiden.

TIP: Sie können das Lorbeerblatt und die Nelke aus dem fertig gedünsteten Kohl entfernen.

frisch gemahlener weißer Pfeffer
evtl. gemahlener Kümmel
50 g fetter Speck
2 Eßl. saure Sahne

Schmalz zum Fetten der Form

KARTOFFELAUFLAUF
MIT HACKFLEISCH UND LAUCH

750 g festkochende
Kartoffeln
4 Stangen Lauch
(etwa 500 g)
2 Zwiebeln
2 Knoblauchzehen
2 Eßl. Speiseöl
500 g Gehacktes
(halb Rind-,
halb Schweinefleisch)
Salz
frisch gemahlener
weißer Pfeffer
Cayennepfeffer
250 g saure Sahne
2 Eßl. gehackte Petersilie
50 g geriebener
Emmentaler-Käse

Butter zum Fetten
der Form

Kartoffeln waschen, mit der Schale in Wasser zum Kochen bringen, gar kochen lassen. Abgießen, heiß pellen, erkalten lassen. Die Kartoffeln in Scheiben schneiden.
Lauch putzen, das dunkle Grün bis auf etwa 10 cm entfernen, den Lauch in Ringe schneiden, gründlich waschen. Lauch in kochendes Salzwasser geben, zum Kochen bringen, 2-3 Minuten kochen lassen. Auf ein Sieb geben, abtropfen lassen.
Zwiebeln und Knoblauch abziehen, fein würfeln.
Speiseöl erhitzen, Zwiebel- und Knoblauchwürfel darin glasig dünsten lassen. Das Hackfleisch unter ständigem Rühren darin anbraten, dabei die Fleischklümpchen mit einer Gabel etwas zerdrücken.

HACKAUFLAUF
MIT WEISSEN BOHNEN

Das Hackfleisch mit Salz, Pfeffer, Cayennepfeffer würzen. Saure Sahne und Petersilie verrühren, mit Salz und Pfeffer würzen.
Eine feuerfeste Form gut fetten, die Hälfte der Kartoffelscheiben und Lauchringe hineingeben, mit Salz würzen. Die Hälfte der Sahne darauf verteilen, die Hackfleischmasse darauf geben. Die restlichen Kartoffelscheiben und Porreeringe einfüllen, mit Salz würzen, die restliche Sahne darüber füllen. Den geriebenen Käse über den Auflauf streuen. Die Butter in Flöckchen darauf setzen.
Die Form auf dem Rost in den kalten Backofen schieben und goldbraun backen.
Ober-/Unterhitze:
175-200 Grad
Heißluft: 160-170 Grad
Gas: Stufe 3-4
Backzeit: 30-40 Minuten.

Bohnen auf ein Sieb geben, abtropfen lassen, die Flüssigkeit auffangen.
Speck in kleine Würfel schneiden. Zwiebeln abziehen, in Ringe schneiden. Butter zerlassen, den Speck darin auslassen. Zwiebeln darin glasig dünsten, mit Rosmarin würzen, aus dem Fett heben.
In dem restlichen Fett das Hackfleisch unter ständigem Rühren anbraten, dabei die Fleischklümpchen mit einer Gabel etwas zerdrücken. Das Hackfleisch mit Salz, Pfeffer und Knoblauch würzen.
Die Hälfte der Bohnen in eine gefettete feuerfeste Form geben, die Zwiebeln darauflegen, darüber das Hackfleisch füllen. Die restlichen Bohnen darubergeben und mit Knoblauch würzen.
250 ml (1/4 l) Bohnenflüssigkeit abmessen, mit dem Ei verquirlen, über den Auflauf gießen. Den Auflauf mit Semmelmehl bestreuen und mit Butterflöckchen belegen.
Die Form in den kalten Backofen schieben und backen.
Ober-/Unterhitze: 250 Grad
Heißluft: 180-190 Grad
Gas: Stufe 5
Backzeit: etwa 30 Minuten.

- 2 Dosen weiße Bohnen (je 265 g Abtropfgewicht)
- 125 g durchwachsener Speck
- 500 g Zwiebeln
- 30 g Butter
- gemahlener Rosmarin
- 375 g Hackfleisch (halb Rind-, halb Schweinefleisch)
- Salz, Pfeffer
- Knoblauchpulver
- 1 Ei
- 4 Eßl. Semmelmehl
- 20 g Butter
- Butter zum Fetten der Form

FISCHAUFLAUF

2 Kochbeutel (250 g) Spitzenlangkornreis
1 1/2 l Wasser
1 Teel. Salz
500 g Möhren
2 mittelgroße (etwa 500 g) Fenchelknollen
100 ml Wasser

Reis nach Anweisung auf der Packung in Salzwasser knapp gar kochen.
Möhren putzen, waschen, fein schälen. Von den Fenchelknollen das Grün abschneiden, beiseite legen, die Knollen putzen, waschen.
Das Gemüse in feine Stifte schneiden. Mit dem Wasser in einen Topf geben, abgedeckt 10 Minuten dünsten.
Kabeljau unter fließendem kaltem Wasser abspülen, trockentupfen, in Stücke schneiden, mit dem Zitronensaft beträufeln.
Eine Auflaufform fetten.
Schichtweise Reis, Gemüse und Fischstücke hineingeben.

Mit einer Schicht Reis abschließen.
Wein und Sahne verquirlen, mit Salz und Pfeffer würzen und über den Auflauf gießen.
Den Auflauf auf dem Rost in den kalten Backofen schieben.
Ober-/Unterhitze:
etwa 200 Grad
Heißluft: etwa 160 Grad
Gas: Stufe 3-4
Backzeit: 30-35 Minuten.
Käse darüberstreuen und den Auflauf weitere 10 Minuten goldgelb backen.
Vor dem Servieren mit dem feingehackten Fenchelgrün bestreuen.

750 g Kabeljaufilet
2 Eßl. Zitronensaft
125 ml (1/8 l) trockener Weißwein
125 ml (1/8 l) Schlagsahne
Salz
frisch gemahlener Pfeffer
75 g geriebener Emmentaler-Käse

Butter zum Fetten der Form

Blumenkohlauflauf
mit Käsehaube

1 mittelgroßer Blumenkohl (etwa 1 1/2 kg)
200 g gekochter Schinken
200 ml (1 Becher) Schlagsahne
1 Ei
1 Teel. eingelegter grüner Pfeffer
125 g roher Schinken

FÜR DIE KÄSEHAUBE
50 g Butter
20 g Weizenmehl
125 ml (1/8 l) Milch
3 Eigelb
50 g geriebener Parmesan-Käse
3 Eiweiß

Fett für die Form

Den Blumenkohl von Blättern und schlechten Stellen befreien (Foto 1), den Strunk abschneiden. Den Blumenkohl gründlich waschen, in kochendes Salzwasser geben (Foto 2), zum Kochen bringen, 10-12 Minuten kochen. Den Blumenkohl auf ein Sieb geben, abtropfen lassen. Den Blumenkohl in Röschen teilen. Den gekochten Schinken grob zerkleinern, im Mixaufsatz der Küchenmaschine pürieren, mit Sahne, Ei und Pfeffer gut verrühren. Den rohen Schinken in feine Streifen schneiden, unter die Sahnemischung rühren. Die Hälfte der Schinken-Sahne-Masse in eine gut gefettete feuerfeste Form füllen, die Hälfte der Blumenkohlröschen darauf verteilen. Mit der restlichen Schinken-Sahne-

Masse bedecken, die restlichen Blumenkohlröschen hineindrücken.
Butter in einem Topf zerlassen. Mehl darüberstäuben und etwa 4 Minuten unter Rühren hellgelb andünsten. Topf vom Herd nehmen, nach und nach die Milch zugeben, mit einem Schneebesen gut durchschlagen, damit sich keine Klümpchen bilden. Sauce zum Kochen bringen, etwa 5 Minuten bei geringer Hitze köcheln lassen, vom Herd nehmen. Eigelb und geriebenen Käse verschlagen, unter die Sauce rühren. Eiweiß steif schlagen (Foto 3), unter die Käsemasse heben. Die Käsemasse auf dem Blumenkohl verteilen.
Die Form auf dem Rost in den kalten Backofen schieben und goldgelb backen.
Ober-/Unterhitze: 200 Grad
Heißluft: 160-170 Grad
Gas: Stufe 3-4
Backzeit: 35-45 Minuten.

TIP: Dazu paßt eine fruchtige Tomatensauce.

Blumenkohl von den Blättern befreien.

Blumenkohl in kochendes Salzwasser geben.

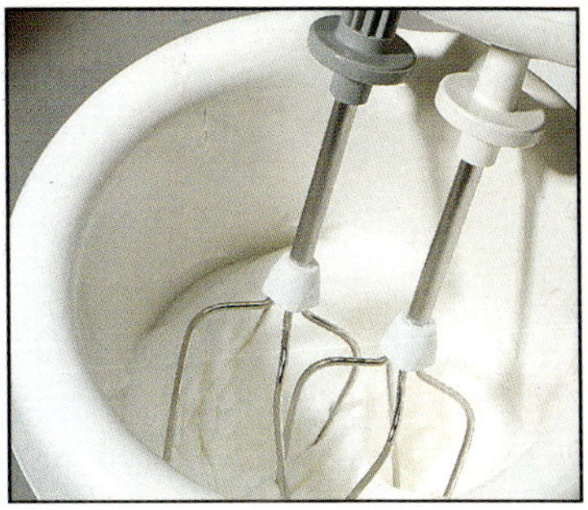

Eiweiß steif schlagen.

AUBERGINEN-
TOMATEN-AUFLAUF

500 g Auberginen
3-4 Eßl. Sojasauce
300 g Zwiebeln
500 g Tomaten
2 Scheiben (je 60 g) Weizenmischbrot
100 g Emmentaler-Käse in Scheiben
500 g saure Sahne
2 Eßl. gerebelter Salbei
2 Eßl. Thymian
100 g geriebener Emmentaler-Käse

Olivenöl zum Fetten der Form

Auberginen waschen, den Stielansatz abschneiden. Die Auberginen in nicht zu dicke Scheiben schneiden.
Auberginenscheiben in eine Schüssel geben, Sojasauce hinzufügen und die Auberginen etwa 20 Minuten darin marinieren.
Die Zwiebeln abziehen, in dünne Ringe schneiden.
Tomaten waschen, die Stengelansätze herausschneiden, die Tomaten in Scheiben schneiden.
Das Brot toasten, mit den Käsescheiben belegen.
Eine Auflaufform mit einem Pinsel mit dem Olivenöl ausstreichen. Die belegten Brotscheiben hineingeben.
Die marinierten Auberginenscheiben in eine Mischung aus saurer Sahne und Kräutern

Blumenkohl-
Broccoli-Auflauf (Titelbild)

Zwiebel abziehen, fein würfeln. Schinken in feine Würfel schneiden.
Butter erhitzen, Schinkenwürfel darin anbraten. Zwiebelwürfel hineingeben und leicht mitbräunen. Mehl darüberstäuben und etwa 4 Minuten unter Rühren hellgelb andünsten. Topf vom Herd nehmen, nach und nach die Milch zugeben, mit einem Schneebesen gut durchschlagen, damit sich keine Klümpchen bilden. Zuletzt die Brühe unterrühren. Sauce zum Kochen bringen, etwa 15 Minuten bei geringer Hitze köcheln lassen. Durch ein Sieb passieren, mit Salz, Pfeffer und Muskat abschmecken. Vom Herd nehmen. Eigelb und Schlagsahne verquirlen. Die Sauce damit abziehen, nicht mehr kochen lassen.

Den Käse unterheben.
Gekochten Schinken in Streifen schneiden. Von dem Broccoli die Blätter entfernen, waschen, abtropfen lassen. Den Broccoli in Röschen teilen, die Stiele am Strunk schälen. Den Blumenkohl von Blättern und schlechten Stellen befreien, den Strunk abschneiden, den Blumenkohl gründlich waschen, in Röschen teilen. Broccoli- und Blumenkohlröschen in Salzwasser 5 Minuten blanchieren. Im Sieb abtropfen lassen, mit Muskat abschmecken. Mit dem gekochten Schinken in eine gut gefettete Form schichten. Mit der Sauce übergießen.
Die Form auf dem Rost in den kalten Backofen schieben und überbacken, bis die Oberfläche goldbraun ist.

Ober-/Unterhitze: 225 Grad
Heißluft: 170-180 Grad
Gas: Stufe 4-5
Backzeit: 30-40 Minuten.

FÜR DIE SAUCE
1 Zwiebel
40 g gekochter Schinken
40 g Butter
30 g Weizenmehl
250 ml (1/4 l) Milch
250 ml (1/4 l) Fleischbrühe
Salz
frisch gemahlener weißer Pfeffer
frisch geriebene Muskatnuß
3 Eigelb
3 Eßl. Schlagsahne
30 g geriebener Emmentaler-Käse

150 g gekochter Schinken
500 g Broccoli
500 g Blumenkohl

Butter zum Fetten der Form

tauchen und abwechselnd mit den Zwiebelringen und den Tomaten in die Auflaufform schichten. Die restliche saure Sahne und den geriebenen Käse über den Auflauf geben. Zum Schluß die Sojamarinade über den ganzen Auflauf gießen.
Abgedeckt auf dem Rost in den kalten Backofen schieben und garen.

Ober-/Unterhitze: 200 Grad
Heißluft: 160-170 Grad
Gas: Stufe 3
Backzeit: 50-60 Minuten.

TIP: Vor dem Servieren evtl. mit frischem, gehacktem Thymian bestreuen.

MAISAUFLAUF
AMERIKANISCHE ART

250 g Champignons
125 g geräucherter, durchwachsener Speck
2 Eßl. Sojaöl
2 Scheiben Toastbrot
200 g Tiefseegarnelen
1 Dose Mais (Abtropfgewicht 285 g)
20 g Butter
1 geh. Eßl. Weizenmehl
250 ml (1/4 l) Milch

Champignons putzen (Foto 1), mit Küchenpapier abreiben, in Scheiben schneiden.
Speck in Würfel schneiden (Foto 2) und in einer Pfanne knusprig braun braten.
Die Speckwürfel aus der Pfanne nehmen.
Champignonscheiben in dem heißen Speckfett etwa 5 Minuten dünsten, ebenfalls beiseite stellen.
Sojaöl in der Pfanne erhitzen.
Toastbrot in Würfel schneiden, in dem heißen Öl goldbraun rösten (Foto 3).
Maiskörner abtropfen lassen.
Speckwürfel, Champignonscheiben, Toastbrotwürfel, Tiefseegarnelen und Mais mischen, in eine leicht gefettete Auflaufform geben.
Butter in einem Topf zerlassen.

Champignons putzen.

Speck in Würfel schneiden.

Toastbrot goldbraun rösten.

Mehl darüberstäuben, unter Rühren hellgelb andünsten. Die Milch hinzugießen, mit einem Schneebesen gut durchschlagen, damit sich keine Klümpchen bilden. Die Sauce zum Kochen bringen, etwa 5 Minuten bei geringer Hitze köcheln lassen. Mit Salz, Pfeffer und Senf abschmecken und über den Maisauflauf gießen.
Den Auflauf mit geriebenem Käse bestreuen, in den kalten Backofen schieben und backen.

Ober-/Unterhitze: etwa 200 Grad
Heißluft: 160-170 Grad
Gas: Stufe 3
Backzeit: etwa 30 Minuten.
Den fertigen Auflauf mit gewaschener, gehackter Petersilie bestreuen.

TIP: Dazu paßt Baguette oder Reis.

Salz
frisch gemahlener weißer Pfeffer
1 Teel. Senf
50 g geriebener mittelalter Gouda
1/2 Bund Petersilie

Butter zum Fetten der Form

KARTOFFELAUFLAUF
MIT SCHINKEN

1 kg Kartoffeln
75g roher Schinken
75g gekochter Schinken

FÜR DIE SAUCE
30 g Butter
35 g Weizenmehl
250 ml (1/4 l) Milch
250 ml (1/4 l) Fleischbrühe
Salz
2 Eßl. Semmmelmehl

Butter zum Fetten der Form

Kartoffeln waschen, mit der Schale in Wasser zum Kochen bringen, gar kochen lassen. Abgießen, heiß pellen, erkalten lassen. Die Kartoffeln in Scheiben schneiden. Schinken in kleine Würfel schneiden. Kartoffeln und Schinken lagenweise in eine gut gefettete Auflaufform schichten, die oberste Schicht soll aus Kartoffeln bestehen. Butter in einem Topf zerlassen. Mehl darüberstäuben und etwa 4 Minuten unter Rühren hellgelb andünsten.

Topf vom Herd nehmen, nach und nach die Milch zugeben, mit einem Schneebesen gut durchschlagen, damit sich keine Klümpchen bilden. Zuletzt die Brühe unterrühren. Sauce zum Kochen bringen, etwa 5 Minuten bei geringer Hitze köcheln lassen, mit Salz abschmecken.

Die Sauce über die Kartoffeln gießen, den Auflauf mit Semmelmehl bestreuen.

Butter in Flöckchen daraufsetzen.

Die Auflaufform auf dem Rost in den kalten Backofen schieben und backen.

Ober-/Unterhitze:
200-225 Grad
Heißluft: 160-170 Grad
Gas: Stufe 4-5
Backzeit: 30-40 Minuten.

BADISCHER NUDELTRAUM

2 Eßl. Speiseöl
400 g Rinderhackfleisch
2 Zwiebeln
Salz
frisch gemahlener Pfeffer
250 g Bandnudeln
oder Ausgerädelte
2 1/2 l Salzwasser
1 Eßl. Speiseöl
250 g Broccoli
250 ml (1/4 l)
Hühnerbrühe
3 Tomaten
2-3 Eßl. geriebener,
mittelalter Gouda

Butter zum Fetten
der Form

Speiseöl erhitzen, Hackfleisch hinzufügen, unter ständigem Rühren darin anbraten, dabei die Fleischklümpchen mit einer Gabel etwas zerdrücken. Zwiebeln abziehen, fein würfeln, zum Fleisch geben, 2-3 Minuten mitbraten, mit Salz und Pfeffer würzen. Salzwasser zum Kochen bringen, Nudeln hineingeben, Speiseöl hinzufügen, die Nudeln nach Packungsaufschrift garen. Zwischendurch probieren. Wenn die Nudeln gar sind, den Garvorgang mit einem Schuß kaltem Wasser beenden. Die Nudeln auf ein Sieb geben, abtropfen lassen. Von dem Broccoli die Blätter entfernen, waschen, abtropfen lassen. Den Broccoli in Röschen teilen, die Röschen

halbieren. Die Stiele am Strunk schälen.
Die Hühnerbrühe zum Kochen bringen, den Broccoli 5 Minuten darin garen. Auf ein Sieb geben, abtropfen lassen, die Brühe auffangen.
Tomaten kurze Zeit in kochendes Wasser legen, nicht kochen lassen, in kaltem Wasser abschrecken, enthäuten, die Stengelansätze herausschneiden. Die Tomaten in Scheiben schneiden.
Fleisch und zwei Drittel der Nudeln in eine gefettete Auflaufform füllen, darauf Broccoliröschen und Tomatenscheiben geben. Mit Salz und Pfeffer würzen. Brühe dazugießen, die restlichen Nudeln daraufgeben. Den Auflauf mit dem geriebenem Käse bestreuen.
Die Form auf dem Rost in den kalten Backofen schieben und goldgelb backen.
Ober-/Unterhitze: 200 Grad
Heißluft: 160-170 Grad
Gas: Stufe 3-4
Backzeit: 30-35 Minuten.

EXOTISCHER AUFLAUF

1 kg Kartoffeln
1 Zitrone (unbehandelt)
4 Orangen (unbehandelt)
220 g Ananasstücke (aus der Dose)
175 g Mandarin-Orangen (aus der Dose)
Salz
5 Eßl. Butter

Butter zum Fetten der Form

Kartoffeln waschen, mit der Schale in Wasser zum Kochen bringen, gar kochen lassen. Abgießen, heiß pellen, erkalten lassen. Die Kartoffeln in feine Streifen schneiden.
Von der Zitrone und den Orangen die Schale abreiben, über die Kartoffeln streuen. Zitrone und Orangen schälen, in Scheiben schneiden.
Ananas und Mandarin-Orangen auf ein Sieb geben, gut abtropfen lassen, den Ananassaft auffangen.
Abwechselnd lagenweise Kartoffeln, Mandarin-Orangen, Zitronen- und Orangenscheiben und Ananasstücke in eine gut gefettete Auflaufform schichten. Die oberste Schicht soll aus Kartoffeln bestehen.
Den Ananassaft mit Salz und Butter unter ständigem Rühren zum Kochen bringen, kurze Zeit kochen lassen, über den Auflauf gießen.
Die Form auf dem Rost in den kalten Backofen schieben und backen.
Ober-/Unterhitze: 200-225 Grad
Heißluft: 170-180 Grad
Gas: Stufe 3-4
Backzeit: 45-55 Minuten.

THUNFISCHAUFLAUF
À LA CANNES

500 ml (1/2 l) Wasser
knapp 1/2 Teel. Salz
1-2 Eßl. Speiseöl
200 g Parboiled Reis
300 g Thunfisch
(2 Dosen, je 150 g, naturell, ohne Öl)
250 g Champignons
250 g Tomaten

Wasser mit Öl und Salz zum Kochen bringen, den Reis hineingeben, zum Kochen bringen, abdecken. Den Reis bei geringer Hitze 20 Minuten knapp gar ziehen lassen, bis die gesamte Flüssigkeit verdampft ist.
Den Reis in eine gefettete Auflaufform geben.

Thunfisch auf ein Sieb geben, gut abtropfen lassen, zerpflücken.
Champignons putzen, mit Küchenpapier abreiben, in dünne Scheiben schneiden.
Tomaten waschen, abtrocknen, vierteln, entkernen, die Stengelansätze herausschneiden. Die Tomate

in kleine Würfel schneiden. Die Zutaten gleichmäßig auf dem Reis verteilen.
Für die Sauce Butter in einem Topf zerlassen. Mehl darüberstäuben, unter Rühren hellgelb andünsten. Den Fischfond hinzugießen, mit einem Schneebesen gut durchschlagen, damit sich keine Klümpchen bilden. Die Sauce zum Kochen bringen, etwa 5 Minuten bei geringer Hitze köcheln lassen. Mit Salz und Pfeffer würzen.
Butter, Schlagsahne, Käse und Weißwein mit einem Schneebesen unter die Sauce schlagen. Zum Kochen bringen, kurz aufkochen lassen. Die Sauce über den Auflauf geben. Die Auflaufform auf dem Rost in den kalten Backofen schieben und garen.

Ober-/Unterhitze: 200-225 Grad
Heißluft: 180-190 Grad
Gas: Stufe 4
Backzeit: 30 Minuten.

TIP: Dazu paßt ein gemischter Salat.

FÜR DIE MORNAYSAUCE
20 g Butter
1 gehäufter Eßl. Weizenmehl
250 ml (1/4 l) Fischfond
Salz
frisch gemahlener weißer Pfeffer
50 g Butter
50 ml Schlagsahne
50 g geriebener Greyerzer- oder Emmentaler-Käse
1-2 Eßl. trockener Weißwein

Butter zum Fetten der Form

KIELER SAUERKRAUT-AUFLAUF

300 g gekochte Kartoffeln
3 Zwiebeln
1 Eßl. Butter
3 Boskoop-Äpfel
400 g Sauerkraut
750 g Lengfisch
  oder Seelachs
4 Eier
300 g Crème fraîche
4 cl Kümmelschnaps
Salz
frisch gemahlener
  weißer Pfeffer
frisch geriebene
  Muskatnuß
1 Bund Schnittlauch

Butter zum Fetten
  der Form

Kartoffeln pellen, in feine Scheiben schneiden.
Zwiebeln abziehen, in feine Ringe schneiden. Butter zerlassen, die Zwiebeln darin andünsten.
Äpfel schälen, halbieren, entkernen, in feine Streifen schneiden, mit dem Sauerkraut vermengen.
Den Fisch unter fließendem, kaltem Wasser abspülen, trockentupfen, ebenfalls in Streifen schneiden.
Eine feuerfeste Form gut fetten, schichtweise Kartoffeln, Sauerkraut, Zwiebeln und Fischstücke hineingeben.
Eier, Crème fraîche und Kümmelschnaps verquirlen, mit Salz, Pfeffer und Muskat würzen. Schnittlauch unter fließendem, kaltem Wasser abspülen, trockentupfen, in

Röllchen schneiden. Den Schnittlauch in die Eiermasse geben und die Masse über den Auflauf gießen.
Die Form auf dem Rost in den kalten Backofen schieben und garen.
Ober-/Unterhitze: 200 Grad
Heißluft: 160-170 Grad
Gas: Stufe 3
Backzeit: 45 Minuten.

SAUERKRAUT-AUFLAUF MIT QUARK

Quark, Mehl, Crème fraîche, Eigelb, geriebenen Käse, Sojasauce und Angostura zu einem Teig verrühren.
Lauch putzen, waschen, nur den weißen Teil verwenden, fein hacken.
Kasseler in kleine Würfel schneiden. Butter zerlassen, den Lauch darin leicht andünsten und das Kasseler leicht anbräunen.
Zwei Drittel des Teiges in eine gebutterte Auflaufform geben, das Sauerkraut locker darauf verteilen. Mit Estragon, Majoran, Salz und Pfeffer würzen. Kasseler und Lauch darüber geben.
Das Eiweiß steif schlagen, unter den restlichen Teig ziehen, über den Auflauf füllen, mit Sonnenblumenkernen bestreuen.
Die Auflaufform auf dem Rost in den kalten Backofen schieben und backen.
Ober-/Unterhitze: 200 Grad
Heißluft: 170 Grad
Gas: Stufe 3
Backzeit: etwa 50 Minuten.

250 g Magerquark
50 g Weizenmehl
100 g Crème fraîche
4 Eigelb
100 g geriebener Emmentaler-Käse
4 Spritzer Sojasauce
2 Spritzer Angostura Bitter
2 cl Weinbrand
1 Stange Lauch
200 g Kasseler (ohne Knochen)
20 g Butter
500 g Sauerkraut
gerebelter Estragon
gerebelter Majoran
Salz
frisch gemahlener weißer Pfeffer
4 Eiweiß
2 Eßl. Sonnenblumenkerne

Butter zum Fetten der Form

QUARK-NUDEL-AUFLAUF

200 g Gabelspaghetti
2 1/2 l Salzwasser
1 Eßl. Speiseöl
250 g Magerquark
150 g (1 Becher)
Crème fraîche
3 Eier
1 Teel. Kümmel
2 Eßl. feingeschnittener
Schnittlauch
Salz, Pfeffer
2 geräucherte
Mettwürstchen
50 g durchwachsener
Speck

Butter zum Fetten
der Form

Salzwasser zum Kochen bringen, Nudeln hineingeben, Speiseöl hinzufügen, die Nudeln nach Packungsaufschrift garen. Zwischendurch probieren. Wenn die Nudeln gar sind, den Garvorgang mit einem Schuß kaltem Wasser beenden. Die Nudeln auf ein Sieb geben, abtropfen lassen. Quark mit Crème fraîche, Eiern, Kümmel und Schnittlauch verrühren, mit Salz und Pfeffer würzen.
Mettwürstchen unter fließendem kaltem Wasser abspülen, trocken tupfen, in Scheiben schneiden. Mettwurstscheiben zusammen mit den Spaghetti unter den Quark heben, in eine gut gefettete Form füllen. Speck in dünne Scheiben

Spargel-
Auflauf

schneiden, auf die Quark-
Spaghetti-Masse legen.
Die Form auf dem Rost in den kalten Backofen schieben und backen, bis der Speck knusprig braun ist.
Ober-/Unterhitze:
200-225 Grad
Heißluft: 170-180 Grad
Gas: Stufe 4-5
Backzeit: 50-60 Minuten.

Brötchen 30 Minuten in Wasser einweichen, gut ausdrücken. Schinken in kleine Würfel schneiden.
Butter mit den Rührbesen des Handrührgerätes geschmeidig rühren, nach und nach Eigelb, Mehl und Milch unterrühren.
Brötchen und Schinkenwürfel daruntermengen, mit Salz und Pfeffer würzen.
Eiweiß steif schlagen, unter die Masse heben.
Abwechselnd mit den gekochten Spargelstücken in eine gefettete feuerfeste Form schichten.
Semmelmehl darüber streuen, den Auflauf mit Butterflöckchen belegen.
Die Form auf dem Rost in den kalten Backofen schieben und backen.
Ober-/Unterhitze:
200-225 Grad
Heißluft: etwa 180 Grad
Gas: Stufe 3-4
Backzeit: 45-50 Minuten.

2 altbackene Brötchen
100 g gekochter Schinken
100 g Butter
5 Eigelb
100 g Weizenmehl
250 ml (1/4 l) Milch
Salz
frisch gemahlener Pfeffer
5 Eiweiß
500 g gekochte Spargelstücke
1-2 Eßl. Semmelmehl
Butterflöckchen

Butter zum Fetten der Form

Gemüse-Reis-Auflauf
(Für 6 Personen)

500 g Hackfleisch
(halb Rind-,
halb Schweinefleisch)
2 Kochbeutel (250 g)
Spitzenlangkornreis
1 1/2 l Wasser
1 Teel. Salz
3 Fleischtomaten
(etwa 500 g)
3 kleine Zucchini
(etwa 300 g)
2 kleine Auberginen
(etwa 300 g)

Das Hackfleisch mit einer halben Tasse Wasser zum Kochen bringen. Ohne Gewürze so lange garen, bis das Wasser verdampft ist.
Reis nach Anweisung auf der Packung in Salzwasser knapp gar kochen, abtropfen lassen.
Das Gemüse waschen. Die Stengelansätze abschneiden, das Gemüse in Scheiben schneiden. Zucchini- und Auberginenscheiben 3 Minuten in Salzwasser blanchieren.
Kräuter abspülen, trockentupfen (Foto 1), die Blättchen von den Stengel zupfen (Foto 2), hacken (Foto 3) und die Kräuter unter den Reis mischen.
Knoblauchzehen abziehen und durch die Presse drücken.
Créme fraîche, Salz, Pfeffer

und Knoblauch unter das Hackfleisch rühren, evtl. mit den Gewürzen nochmals abschmecken.
Eine Auflaufform fetten. Abwechselnd Reis, Hackfleisch und Gemüse einschichten. Rosmarinnadeln vom Zweig streifen, die Nadeln über den Auflauf streuen.
Milch, Eier und Käse verquirlen, mit Salz und Pfeffer würzen und über den Auflauf gießen.
Die Form auf dem Rost in den kalten Backofen schieben und backen.
Ober-/Unterhitze: 200 Grad
Heißluft: 180 Grad
Gas: Stufe 3
Backzeit: 50 Minuten.

Kräuter mit einem Küchentuch trocken tupfen.

Blättchen von den Stengeln zupfen.

Kräuter hacken.

1 Bund Dill
1 Bund Petersilie
1 Bund Schnittlauch
1 Bund Zitronenmelisse
2 Knoblauchzehen
1 Becher (150 g) Kräuter-Créme-fraîche
Salz
frisch gemahlener weißer Pfeffer
1 Zweig Rosmarin
250 ml (1/4 l) Milch
3 Eier
2 Eßl. geriebener Parmesan-Käse

Butter zum Fetten der Form

ERBSENSOUFFLÉ

FÜR DIE SAUCE
50 g Butter
40 g Weizenmehl
500 ml (1/2 l) Milch
Salz
frisch gemahlener Pfeffer
geriebene Muskatnuß
2 Eigelb

Butter in einem Topf zerlassen. Mehl darüberstäuben, unter Rühren goldgelb andünsten. Die Milch hinzugießen, mit einem Schneebesen gut durchschlagen, damit sich keine Klümpchen bilden. Die Sauce zum Kochen bringen, etwa 5 Minuten bei geringer Hitze köcheln lassen. Mit Salz, Pfeffer und Muskat würzen. Eigelb verquirlen, die Sauce damit legieren (nicht mehr kochen lassen!).
Die gefrorenen Erbsen in die heiße Sauce geben.
Eiweiß steif schlagen, unter die Erbsenmasse heben.
Eine Souffléform fetten, mit Mehl ausstreuen, die Masse hineinfüllen.
Die Form auf dem Rost in den kalten Backofen schieben.

Ober-/Unterhitze:
etwa 200 Grad
Heißluft: etwa 160 Grad
Gas: Stufe 3-4
Backzeit: 50 Minuten.
Das Soufflé sofort servieren.

450 g tiefgekühlte Erbsen
2 Eiweiß

Butter zum Fetten
der Form
Weizenmehl
zum Ausstreuen

KARTOFFELSOUFFLÉ

750 g Kartoffeln
Salzwasser
125 ml (1/8 l) Milch
30 g Weizenmehl
3 Eigelb
125 g geriebener Emmentaler-Käse
Salz
frisch gemahlener Pfeffer
geriebene Muskatnuß
3 Eiweiß

1 Eßl. Semmelmehl
Butter zum Fetten der Form

Kartoffeln schälen, waschen, in kleine Würfel schneiden, in kochendes Salzwasser geben. Zum Kochen bringen, in etwa 15 Minuten gar kochen lassen. Das Wasser abgießen, die Kartoffeln gut abdämpfen, heiß durch die Presse geben. Milch, Mehl, Eigelb und geriebenen Käse hinzufügen. Die Kartoffelmasse mit einem Schneebesen durchschlagen, mit Salz, Pfeffer und Muskatnuß würzen.
Eiweiß steif schlagen, unter die Kartoffelmasse heben. Die Masse in eine gefettete Auflaufform füllen und glattstreichen. Mit Semmelmehl bestreuen. Butter in Flöckchen daraufsetzen.
Die Form auf dem Rost in den kalten Backofen schieben und backen.

Käsesoufflés

Eiweiß steif schlagen. Butter, Semmelmehl und Magerquark verrühren, mit Salz und Muskatnuß würzen. Das steifgeschlagene Eiweiß darauf geben, den Käse darüberstreuen, mit dem Eiweiß vorsichtig, aber gründlich unter die Quarkcreme heben.
4-6 feuerfeste kleine Förmchen fetten, die Masse einfüllen.

Die Förmchen auf dem Rost in den kalten Backofen schieben und goldgelb backen.
Ober-/Unterhitze:
200-225 Grad
Heißluft: 170-180 Grad
Gas: Stufe 4-5
Backzeit: 20-25 Minuten.
Das Käsesoufflé sofort servieren.

Ober-/Unterhitze:
200-225 Grad
Heißluft: 170-180 Grad
Gas: Stufe 4-5
Backzeit: 40-50 Minuten.

HINWEIS: Zu diesem Kartoffelsoufflé passen gebratene Leber und Cornichons.

3 Eiweiß
1 Eßl. weiche Butter
3 Eßl. Semmelmehl
100 g Magerquark
Salz
frisch geriebene Muskatnuß
125 g geriebener Emmentaler-Käse

Butter zum Fetten der Form

Batatensoufflé

375 g Bataten
1 große reife Banane
1 1/2 Eßl. zerlassene
Butter
3 Eigelb
1 1/2 Teel. Salz
3-4 Eßl. heiße Milch
geriebene Muskatnuß
3 Eiweiß

Butter zum Fetten
der Form

Bataten waschen, in Wasser geben und in etwa 25 Minuten garen, abgießen, abdämpfen. Bataten pellen, durch eine Kartoffelpresse geben oder mit dem Schneidstab des Handrührgerätes pürieren.
Banane schälen, mit einer Gabel zerdrücken und zu den Bataten geben.
Butter, Eigelb, Salz und heiße Milch verrühren und unter das Mus schlagen.
Eiweiß steif schlagen. Zuerst einen Löffel Eischnee unter die Batatenmasse rühren, dann den Rest vorsichtig, aber gründlich unterziehen.
Die Masse in eine gefettete Auflaufform füllen, die Form sollte nur zu zwei Dritteln gefüllt sein.
Das Soufflé auf dem Rost in

Möhren-Soufflés (Foto Seite 6/7)

Möhren putzen, schälen, waschen, in Scheiben schneiden. Butter zerlassen, die Möhrenscheiben hineingeben, 2-3 Eßlöffel Wasser hinzufügen. Würzen, zugedeckt etwa 20 Minuten bei schwacher Hitze gar dünsten. Gegen Ende der Garzeit die Flüssigkeit verdampfen lassen. Die Mandeln zu den Möhren geben und alles mit dem Schneidstab des Handrührgerätes fein pürieren, anschließend die Masse durch ein Haarsieb streichen (am besten mit dem Passierstab des Handrührgerätes).
Eigelb schaumig schlagen, mit Crème fraîche und Möhrenmasse verrühren.
Eiweiß steif schlagen, vorsichtig, aber gründlich unter die Möhrenmasse ziehen.
Die Masse in vier gefettete Souffléförmchen füllen, auf dem Rost in den kalten Backofen schieben und backen.

Ober-/Unterhitze: etwa 225 Grad
Heißluft: 180-190 Grad
Gas: Stufe 4-5
Backzeit: 20-25 Minuten.
Die Soufflés sofort servieren.

TIP: Sie können die Masse auch in eine größere Soufflé-form füllen. Diese müssen Sie dann 35-40 Minuten garen.

500 g Möhren
20 g Butter
1/2 Teel. Salz
1/2 Teel. gemahlener Zimt
geriebene Muskatnuß
frisch gemahlener Pfeffer
100 g abgezogene, gemahlene Mandeln
4 Eigelb
100 g Crème fraîche
4 Eiweiß

Butter zum Fetten der Form

den Backofen schieben und backen.
Ober-/Unterhitze: 200 Grad
Heißluft: 160-170 Grad
Gas: Stufe 4
Backzeit: 35-40 Minuten.

Kleine Käsesoufflés

200 g alter Gouda
100 g Schafskäse
4 Eier
1 Teel. scharfer Senf
1/2 Teel. getrockneter Majoran
geriebene Muskatnuß
frisch gemahlener Pfeffer
1 Kästchen Kresse

Butter zum Fetten der Förmchen

Gouda reiben. Schafskäse zerbröckeln. Eier trennen.
Eigelb mit Gouda, Schafskäse, Senf und Majoran cremig rühren. Mit Muskat und Pfeffer abschmecken.
Kresse vorsichtig abspülen, mit einer Schere abschneiden, unter die Eimasse rühren.
Eiweiß steif schlagen, unter die Eimasse ziehen, in vier kleine gefettete Souffléförmchen füllen.
Die Förmchen auf dem Rost in den kalten Backofen schieben und backen.

Ober-/Unterhitze:
200-225 Grad
Heißluft: 170-180 Grad
Gas: Stufe 4-5
Backzeit: 20-25 Minuten.
Die Käsesoufflés sofort servieren.

SCHINKEN-SOUFFLÉS

Pflaumen in Madeira 3 Stunden ziehen lassen.
Sahne erhitzen, das Weißbrot in der Sahne einweichen. Den Madeira von den Pflaumen abgießen und über das Brot träufeln.
Schinken in feine Würfel schneiden. Zusammen mit dem Brot mit dem Schneidstab des Handrührgerätes pürieren. Das Eigelb darunterschlagen, mit Pfeffer und Ingwer würzen.
Eiweiß steif schlagen, vorsichtig, aber gründlich unter die Schinkenmasse ziehen.
Die abgetropften Pflaumen auf vier gefettete Soufflé-förmchen verteilen.
Die Schinkenmasse darüberfüllen, die Förmchen aufstoßen, damit sich keine Zwischenräume bilden.
Die Förmchen auf dem Rost in den kalten Backofen schieben und backen.
Ober-/Unterhitze:
etwa 225 Grad
Heißluft: 180-190 Grad
Gas: Stufe 4-5
Backzeit 20-25 Minuten.
Die Soufflés sofort servieren.

12 Backpflaumen ohne Stein
6 Eßl. Madeira
125 ml (1/8 l) Schlagsahne
50 g Weißbrot ohne Rinde
200 g gekochter Schinken
frisch gemahlener Pfeffer
gemahlener Ingwer
4 Eigelb
4 Eiweiß

Butter zum Fetten der Förmchen

Käsesoufflé
mit Lauch

3 Stangen Lauch
150 g gekochter Schinken
1 Eßl. Butter

FÜR DIE SAUCE
80 g Butter
100 g Weizenmehl
700 ml Milch
Salz, Muskatnuß
100 g geriebener Greyerzer-Käse
50 g geriebener Sbrinz-Käse
4 Eigelb
4 Eiweiß
1 Teel. Speisestärke

Butter zum Fetten der Form

Lauch putzen, waschen, in 1 cm breite Ringe schneiden. Schinken in Würfel schneiden. Butter zerlassen, Schinken und Lauch darin andünsten. Eine Souffléform fetten, Lauch und Schinken hineingeben.
Butter in einem Topf zerlassen. Mehl darüberstäuben, unter Rühren hellgelb andünsten. Die Milch hinzugießen, mit einem Schneebesen gut durchschlagen, damit sich keine Klümpchen bilden. Die dickliche weiße Sauce zum Kochen bringen, etwa 5 Minuten bei geringer Hitze köcheln lassen.
Mit Salz und Muskat würzen. Etwas abkühlen lassen, den geriebenen Käse sowie das Eigelb unterrrühren.
Eiweiß steif schlagen, die Speisestärke unterrühren und

Roquefort-Soufflés

noch kurz weiterschlagen. Das Eiweiß vorsichtig, aber sorgfältig unter die Käsemasse ziehen und die Masse über den Lauch gießen.
Das Soufflé in den kalten Backofen schieben und backen.
Ober-/Unterhitze: 180 Grad
Heißluft: 160 Grad
Gas: Stufe 2-3
Backzeit: etwa 50 Minuten.

TIP: Sie können dieses Soufflé als Vorspeise servieren, dann reicht es für 6-8 Personen - oder mit einem gemischten Salat für 4 Personen als Hauptgericht reichen.

Milch mit Butter und Gewürzen zum Kochen bringen. Weizenmehl auf ein Pergamentpapier sieben, auf einmal in die kochende Flüssigkeit schütten. So lange rühren, bis sich die Masse vom Topfboden löst.
Nach und nach Eier und Eigelb unter die Masse rühren. Roquefort durch ein Sieb drücken, ebenfalls sorgfältig unter die Masse rühren.
Eiweiß steif schlagen. Zuerst einen Löffel Eischnee unter die Roquefortmasse rühren, dann den Rest vorsichtig, aber gründlich unterziehen.
Die Masse in 6-8 kleine gefettete Soufflėförmchen füllen, auf dem Rost in den kalten Backofen schieben und backen.

Ober- und Unterhitze: 200-225 Grad
Heißluft: 170-180 Grad
Gas: Stufe 4-5
Backzeit: 25-30 Minuten.

HINWEIS: Die Mehlmasse wird leicht klumpig, deshalb diese Masse evtl. mit dem Passierstab durch ein Sieb passieren. Die Soufflés werden dann feiner im Geschmack.

500 ml Milch
50 g Butter
Salz
gemahlener weißer Pfeffer
geriebene Muskatnuß
75 g Weizenmehl
2 Eier
2 Eigelb
75 g Roquefort
2 Eiweiß

Butter zum Fetten der Förmchen

PFANNKUCHENGRATIN

250 g Weizenmehl
3 Eier
300 ml Milch
1/2 Teel. Salz
9 Eßl. Speiseöl
3 Bund Sauerampfer
250 g Ricotta oder Sahnequark
250 g Magerquark
100 g gemahlene Haselnußkerne
frisch gemahlener Pfeffer
2 säuerliche Äpfel
3 Eßl. geriebener mittelalter Gouda

Butter zum Fetten der Form

Das Mehl in eine Rührschüssel sieben (Foto 1). Mit Eiern, Milch und Salz mit den Rührbesen des Handrührgerätes zu einem dickflüssigen Teig verrühren (Foto 2).
Jeweils 1 1/2 Eßlöffel Öl in einer Pfanne erhitzen und nacheinander darin 6 Pfannkuchen backen (Foto 3).
Den Sauerampfer verlesen und waschen, abtropfen lassen.
Ricotta, Quark und Haselnüsse verrühren und mit Pfeffer würzen.
Äpfel schälen, fein raspeln und unter den Quark ziehen.
Eine runde feuerfeste Form mit Butter fetten.
Den ersten Pfannkuchen in die Form legen, mit einem Sechstel der Quarkmasse bestreichen, mit einem Fünftel der Sauerampferblätter be-

Mehl in eine Rührschüssel sieben.

Einen dickflussigen Teig zubereiten.

Dünne Pfannkuchen in einer Pfanne ausbacken.

legen. So fortfahren, bis der letzte Pfannkuchen mit Quarkcreme bestrichen ist.
Den geriebenen Käse darüberstreuen.
Die Form auf dem Rost in den kalten Backofen schieben und backen.
Ober-/Unterhitze: 200 Grad
Heißluft: 170 Grad
Gas: Stufe 3-4
Backzeit: etwa 40 Minuten.

KOHLRABI-KARTOFFEL-GRATIN

3-4 kleine Kohlrabi
(etwa 500 g)
500 g Kartoffeln
3-4 Zwiebeln
150 g Salamischeiben
200 g geriebener
Emmentaler-Käse
Salz
frisch gemahlener
weißer Pfeffer
250 ml (1/4 l) Milch
125ml (1/8 l) Schlagsahne
2 Eier
Paprika, edelsüß
2-3 Eßl. Semmelmehl
1-2 Eßl. Butter

Butter zum Fetten
der Form

Von den Kohlrabi die Blätter entfernen, die kleinen Blättchen beiseite stellen. Kohlrabi schälen, waschen. Kartoffeln schälen, waschen. Zwiebeln abziehen.
Kohlrabi, Kartoffeln und Zwiebeln in dünne Scheiben schneiden. Salamischeiben in Streifen schneiden.
Eine Gratinformen fetten, die Zutaten abwechselnd einschichten (die unterste und die oberste Schicht sollten aus Kartoffelscheiben bestehen). Kohlrabi- und Kartoffelschichten jeweils mit etwas von dem Käse bestreuen, mit Salz und Pfeffer würzen.
Milch, Schlagsahne und Eier verquirlen, mit Salz und Paprika würzen.
Die kleinen Kohlrabiblättchen waschen, trockentupfen, in

NUSSCRÊPESGRATIN
MIT RADICCHIOFÜLLUNG

Eier mit gesiebtem Mehl glatt verrühren, salzen, nach und nach die Milch einrühren. Die Walnüsse unterziehen und den Teig etwa 30 Minuten quellen lassen. Vor dem Backen mit einem Schuß Mineralwasser auflockern. In einer großen Pfanne das Fett erhitzen und 8 dünne Crêpes backen. Crêpes in Frischhaltefolie wickeln, damit sie nicht austrocknen.
Für die Sauce Butter in einem Topf zerlassen. Mehl darüberstäuben und etwa 4 Minuten unter Rühren hellgelb andünsten. Topf vom Herd nehmen, nach und nach die Milch zugeben, mit einem Schneebesen gut durchschlagen, damit sich keine Klümpchen bilden. Zuletzt die Brühe unterrühren. Sauce zum Kochen bringen, etwa 5 Minuten bei geringer Hitze köcheln lassen, dann mit Sahne, Crème fraîche, Portwein und Gelee verrühren. Brie entrinden und unterrühren, bis er sich gelöst hat.
Radicchio putzen, ganze Blätter lösen und in kochendem Salzwasser etwa 1 Minute blanchieren. Die Crêpes mit Radicchio belegen, 1 kleine Kelle Sauce darübergießen.
Crêpes zusammenrollen, in eine flache gefettete Auflaufform legen und mit der restlichen Sauce begießen.
Die Form in den kalten Backofen schieben und die Crêpes überbacken.
Ober-/Unterhitze: 225 Grad
Heißluft: 170-180 Grad
Gas: Stufe 4-5
Backzeit: 40-45 Minuten.

TIP: Man kann den Radicchio auch durch Chicorèe oder feste Endivie ersetzen.

feine Streifen schneiden, in die Milchmasse rühren. Die Milch-Eier-Masse über das Gratin gießen.
Den restlichen Käse mit dem Semmelmehl vermengen, über das Gratin streuen. Die Butter zerlassen, über das Gratin träufeln.
Die Form auf dem Rost in den kalten Backofen schieben und backen.

Ober-/Unterhitze: etwa 200 Grad
Heißluft: etwa 180 Grad
Gas: etwa Stufe 3
Backzeit 45-50 Minuten.

TIP: Das Gratin nach etwa der Hälfte der Garzeit mit Pergamentpapier oder Alufolie abdecken, damit es nicht zu dunkel wird.

FÜR DIE CRÊPES
- 3 Eier
- 150 g Weizenmehl
- 1/2 Teel. Salz
- 200 ml Milch
- 50 g gehackte Walnußkerne
- Mineralwasser

FÜR DIE SAUCE
- 40 g Butter
- 40 g Weizenmehl
- 250 ml (1/4 l) Milch
- 250 ml (1/4 l) Fleischbrühe
- 125 ml (1/8 l) Schlagsahne
- 100 g Crème fraîche
- 3 Eßl. Portwein
- 3 Eßl. Johannisbeergelee
- 50 g gehackte Walnußkerne
- 200 g Brie

FÜR DIE FÜLLUNG
- 500 g Radicchio

Butter für die Form

WALLISER GRATIN

2 Knollen (etwa 700 g)
Sellerie
Salzwasser
2 mittelgroße
rote Zwiebeln
1/2 Kopf (etwa 300 g)
Wirsing
4-5 Stauden (etwa 500 g)
Sellerie
200 g Frühstücksspeck
in Scheiben (Bacon)
Salz
frisch gemahlener Pfeffer
geriebene Muskatnuß
gemahlene Muskatblüte
(Macis)
200 ml (1 Becher)
Schlagsahne
4 Eßl. geriebener
Greyerzer-Käse

Butter zum Fetten
der Form

Knollensellerie schälen, waschen, in dünne Scheiben schneiden, in kochendes Salzwasser geben, zum Kochen bringen, etwa 8 Minuten kochen, abtropfen lassen.
Zwiebeln abziehen, in Scheiben schneiden.
Von dem Wirsing die schlechten, äußeren Blätter entfernen, den Strunk herausschneiden, den Wirsing waschen, abtropfen lassen, in feine Streifen schneiden.
Staudensellerie putzen, harte Fäden an der Außenseite abziehen, die Stauden waschen, abtropfen lassen, in kleine Stücke schneiden.
Zwiebelringe, Wirsingstreifen und Staudenselleriestücke in kochendes Salzwasser geben, etwa 8 Minuten kochen lassen, auf ein Sieb geben, mit

PILZ-KARTOFFEL-GRATIN

Kartoffeln schälen, waschen, in dünne Scheiben schneiden, trockentupfen.
Egerlinge putzen, mit Küchenpapier abreiben, in dünne Scheiben schneiden.
Zwiebel abziehen, fein würfeln.
Butter zerlassen, die Zwiebelwürfel darin glasig dünsten, die Pilzscheiben hinzufügen, etwa 3 Minuten mitdünsten lassen. Die Egerlinge mit Salz und Pfeffer würzen.
Eine flache feuerfeste Form fetten, die Hälfte der Kartoffelscheiben hineingeben, mit Salz würzen. Die gedünsteten Egerlinge darauf verteilen. Die restlichen Kartoffelscheiben darüberschichten, mit Salz würzen.

Knoblauch abziehen, fein hacken, mit dem Kümmel über die Kartoffelscheiben geben.
Sahne und Milch verquirlen, über den Gratin gießen. Den Käse darüberstreuen.
Die Form auf dem Rost in den kalten Backofen schieben, das Gratin goldbraun backen.
Ober-/Unterhitze:
200-225 Grad
Heißluft: 170-180 Grad
Gas: Stufe 4-5
Backzeit: 50-55 Minuten.

750 g Kartoffeln
300 g Egerlinge
1 kleine Zwiebel
2 Eßl. Butter
Salz
frisch gemahlener weißer Pfeffer
1 Knoblauchzehe
gemahlener Kümmel
200 ml Schlagsahne
125 ml (1/8 l) Milch
80 g geriebener Parmesan-Käse

Butter zum Fetten der Form

kaltem Wasser übergießen, gut abtropfen lassen.
Alle Zutaten abwechselnd lagenweise in eine gefettete Auflaufform füllen. Die unterste und oberste Schicht sollte aus Knollenselleriescheiben bestehen.
Jede Schicht mit Salz, Pfeffer, Muskat und Macis bestreuen. Mit einem Teil der Sahne übergießen, mit einem Teil des Käses bestreuen.
Die restliche Sahne auf der obersten Schicht verteilen, mit dem restlichen Käse bestreuen. Die Aufflaufform auf dem Rost in den kalten Backofen schieben.
Ober-/Unterhitze:
200-225 Grad
Heißluft: 170-180 Grad
Gas: Stufe 4-5
Garzeit: 45-55 Minuten.

ZUCCHINIGRATIN

500 g Zucchini
Salz
2 Zwiebeln
100 g gekochter Schinken
2 Eßl. Weizenmehl
2 Eier
frisch gemahlener Pfeffer
frisch geriebene
Muskatnuß
2 Eßl. Speiseöl
100 g grob geriebener
Greyerzer-Käse

Von den Zucchini die Enden abschneiden, die Zucchini waschen, abtrocknen, grob reiben, mit Salz bestreuen. Die Zucchini in einem Mulltuch auspressen. Zwiebeln abziehen, würfeln. Gekochten Schinken in Würfel schneiden. Schinkenwürfel mit Mehl und Eiern zu der Zucchinimasse geben, mit Salz, Pfeffer und Muskatnuß würzen. Öl in einer Gratinform erhitzen, den Zucchiniteig hineingeben.
Die Form auf dem Rost in den kalten Backofen schieben und backen.
Ober-/Unterhitze: 225 Grad
Heißluft: 170-180 Grad
Gas: Stufe 4-5
Backzeit: 35-40 Minuten.
Den geraspelten Käse über die Zucchinimasse streuen, im heißen Ofen schmelzen lassen.

MAISGRATIN
MEXIKANISCH

Zwiebel und Knoblauch abziehen, würfeln. Speiseöl erhitzen, Zwiebel- und Knoblauchwürfel darin glasig dünsten. Hackfleisch hinzufügen, unter Rühren anbraten, dabei mit einer Gabel größere Fleischstückchen zerdrücken. Mit Salz, Pfeffer, Piment und Zimt würzen.
Das Fleisch in eine gefettete Gratinform geben, glattstreichen.

Maiskörner auf ein Sieb geben, abtropfen lassen, auf das Fleisch geben.
Salami in Streifen schneiden, auf dem Mais verteilen.
Tomaten kurze Zeit in kochendes Wasser legen, nicht kochen lassen. In kaltem Wasser abschrecken, enthäuten. Die Stengelansätze herausschneiden, die Tomaten vierteln, in Streifen schneiden, auf die Salami geben. Mit Pfeffer und Oregano würzen.
Käse und Semmelmehl vermengen, auf die Tomaten geben. Butter in Flöckchen daraufsetzen.

Die Form auf dem Rost in den kalten Backofen schieben und backen.
Ober-/Unterhitze: 200 Grad
Heißluft: 160-170 Grad
Gas: Stufe 3-4
Backzeit: 35-40 Minuten.

1 Zwiebel
1 Knoblauchzehe
1 Eßl. Speiseöl
500 g Hackfleisch
(halb Rind-,
halb Schweinefleisch)
Salz
frisch gemahlener Pfeffer
gemahlener Piment
gemahlener Zimt
285 g Maiskörner
(aus der Dose)
150 g Salami
500 g Fleischtomaten
gerebelter Oregano
200 geriebener
mittelalter Gouda

2 Eßl. Semmelmehl
Butter

Zwiebelgratin

- 200 g Grünkerngrütze
- 500 ml (1/2 l) kochende Gemüsebrühe
- 75 g durchwachsener Speck
- 40 g Butterschmalz
- 500 g kleine weiße Zwiebeln
- 750 ml (3/4 l) pürierte Tomaten (Fertigprodukt)
- 1/2 Bund Basilikum
- Salz, Pfeffer

Butter für die Form

Die Grütze mit der Gemüsebrühe übergießen und 15 Minuten quellen lassen. Grütze in eine gefettete Gratinform füllen und glattstreichen.
Den Speck fein würfeln. Butterschmalz erhitzen und den Speck darin auslassen. Die Zwiebeln abziehen, halbieren und im Speckfett etwa 2 Minuten kräftig anbraten. Die Zwiebeln mit der Schnittfläche nach unten auf der Grütze verteilen.
Das Basilikum unter fließendem Wasser abspülen, trockentupfen, in feine Streifen schneiden. Das Tomatenpüree kräftig mit Salz, Pfeffer würzen und über die Zwiebeln geben.

Die Form auf dem Rost in den kalten Backofen schieben und backen.
Ober-/Unterhitze: 200 Grad
Heißluft: 160-170 Grad
Gas: Stufe 3-4
Backzeit: 45-55 Minuten.

KARTOFFEL-GRATIN MIT BLATTSPINAT

Blattspinat sorgfältig verlesen, mehrmals gründlich waschen, tropfnaß in einen Topf geben, zugedeckt so lange dünsten lassen, bis die Blätter zusammenfallen und keine Flüssigkeit mehr vorhanden ist.
Speck in kleine Würfel schneiden, in einer Pfanne auslassen. Zwiebeln abziehen, fein würfeln, zu dem Speck geben, kurz andünsten lassen. Butter hinzufügen, die Zwiebel-Speck-Masse zu dem Spinat geben, durchschwenken, mit Salz, Pfeffer und Muskat würzen.
Gekochte Kartoffeln heiß pellen, erkalten lassen. Die kalten Kartoffeln in etwa 1/2 cm dicke Scheiben schneiden. Butter in einer Pfanne zerlassen, die Kartoffelscheiben kurz darin durchschwenken, mit Salz würzen.
Abwechselnd Kartoffeln und Spinat in eine gefettete Gratinform schichten. Die Brühe darübergießen. Das Gratin mit Käse bestreuen, mit Butterflöckchen belegen.
Die Form auf dem Rost in den kalten Backofen schieben und backen.
Ober-/Unterhitze: 200-225 Grad
Heißluft: 170-190 Grad
Gas: Stufe 3-4
Backzeit: 20-25 Minuten.

750 g Blattspinat
50 g durchwachsener Speck
2 kleine Zwiebeln
50 g Butter
Salz
frisch gemahlener Pfeffer
geriebene Muskatnuß
750 g gekochte Kartoffeln
50 g Butter
125 ml (1/8 l) Fleisch- oder Hühnerbrühe
50 g geriebener alter Gouda
Butterflöckchen

Butter zum Fetten der Form

Grünes Quarkgratin

800 g frischer Blattspinat
500 g Magerquark
3 Eier
150 g (1 Becher)
Créme fraîche
Salz
frisch gemahlener
weißer Pfeffer
1 Knoblauchzehe

Butter zum Fetten
der Form

Blattspinat verlesen, 5-6 mal gründlich waschen. In kochendem Wasser portionsweise blanchieren, gut abtropfen lassen.
Magerquark mit Eiern, Créme fraîche , Salz und Pfeffer verrühren. Knoblauchzehe abziehen, durch die Presse in die Quarkmasse drücken, unterrühren.
Eine Auflaufform fetten, die Hälfte des Spinats, die Hälfte der Quarkmasse, wieder Spinat und wieder Quark in die Form schichten.
Die Form auf dem Rost in den kalten Backofen schieben und backen.
Ober-/Unterhitze:
200-225 Grad
Heißluft: 170-180 Grad
Gas: Stufe 4
Backzeit: 30-40 Minuten.

Hügelgratin

Rosenkohl putzen, waschen und den Strunk jeweils kreuzweise einschneiden. Kartoffeln schälen, evtl. halbieren, so daß sie die Größe der Rosenkohlröschen haben.
Butter in einer großen Pfanne zerlassen. Rosenkohl und Kartoffeln darin unter häufigem Wenden etwa 15 Minuten dünsten.

Die Zwiebel abziehen und fein würfeln. Aus Hackfleisch, Magerquark, Ei und Zwiebelwürfeln einen Teig kneten. Knoblauch abziehen und fein hacken. Die Hälfte des Knoblauchs unter den Fleischteig mengen. Den Fleischteig mit Salz und Pfeffer kräftig abschmecken. Bällchen von der Größe der Rosenkohlröschen formen.
Restlichen Knoblauch mit Curry und Milch in die saure Sahne rühren. Das Gemüse leicht mit Salz und Muskat würzen.
In eine gefettete runde Gratinform Kartoffeln, Rosenkohl und Fleischklößchen dicht an dicht setzen und mit der Sahne-Milch-Mischung übergießen.

Die Form auf dem Rost in den kalten Backofen schieben und backen.
Ober-/Unterhitze: 225 Grad
Heißluft: 180 Grad
Gas: Stufe 4-5
Backzeit: etwa 60 Minuten.

1 kg Rosenkohl
1 kg kleine Kartoffeln
50 g Butter
1 Zwiebel
500 g Rinderhackfleisch
200 g Magerquark
1 Ei
1 Knoblauchzehe
Salz
frisch gemahlener weißer Pfeffer
1 Eßl. Currypulver
500 g saure Sahne
125 ml (1/8 l) Milch
geriebene Muskatnuß

Butter zum Fetten der Form

Register

A

Auberginen-Tomaten-Auflauf 24
Austernpilzauflauf mit Currysauce 12

B

Badischer Nudeltraum 30
Batatensoufflé 44
Blumenkohlauflauf mit Käsehaube 22
Blumenkohl-Broccoli-Auflauf 25

E

Erbsensoufflé 40
Exotischer Auflauf 31

F

Fischauflauf 20
Fränkischer Krautauflauf 16

G

Gemüse-Reis-Auflauf 38
Grünes Quarkgratin 60

H

Hackauflauf mit weißen Bohnen 19
Hügelgratin 61

K

Käsesoufflé 43
Käsesoufflés, kleine 46
Käsesoufflé mit Lauch 48
Kartoffelauflauf mit Hackfleisch
und Lauch 18
Kartoffelauflauf mit Schinken 28
Kartoffelgratin mit Blattspinat 59
Kartoffelsoufflés 42
Kieler Sauerkrautauflauf 34
Kleine Käsesoufflés 46
Kohlrabi-Kartoffel-Gratin 52
Krautauflauf, Fränkischer 16

M

Maisauflauf amerikanische Art 26
Maisgratin 57
Makkaroniauflauf mit Schinken 14
Möhrensoufflés 45

N

Nudeltraum, Badischer 30
Nußcrêpesgratin mit Radicchio-
füllung 53

P

Pfannkuchengratin 50
Pilz-Kartoffel-Gratin 55

Q

Quarkgratin, grünes 60
Quark-Nudel-Auflauf 36

R

Roquefortsoufflès 49

S

Sauerkrautauflauf, Kieler 34
Sauerkrautauflauf mit Quark 35
Schinkensoufflés 47
Spargelauflauf 37
Spinatauflauf mit Gorgonzolahaube 15

T/W/Z

Thunfischauflauf à la Cannes 32
Walliser Gratin 54
Zucchinigratin 56
Zwiebelgratin 58

Die Rezepte sind - wenn nicht anders angegeben - für 4 Portionen berechnet.

Wir danken für die freundliche Unterstützung:

CMA, Bonn - Bad-Godesberg
Komplett-Büro, München
IP Dr. Schulze van Loon, Hamburg
Reis-Fit, Bremen
Dr. Muth, Hamburg
Schweizerische Käseunion, Baldham
Pentacom, Düsseldorf

Copyright: © 1990 by Ceres-Verlag, Bielefeld

Redaktion: Carola Reich

Foto:
Titelfoto: Christiane Pries, Borgholzhausen

Innenfotos:
Thomas Diercks, Hamburg
G. Holz, G. M. Wunsch, Köln
Herbert Maass, Hamburg
Christiane Pries, Borgholzhausen
Schmidt & Schmitz, Köln
Fotostudio Toelle, Bielefeld
Brigitte Wegner, Bielefeld
Bernd Wohlgemuth, Düsseldorf

Gestaltung: ATS, Bielefeld

Satz: ATS, Bielefeld

Reproduktionen: Pörtner & Saletzki, Bielefeld

Herstellung: Georgi GmbH, Aachen

Nachdruck, auch auszugsweise, nur mit unserer ausdrücklichen Genehmigung und mit Quellenangabe gestattet.

ISBN 3-7670-0466-6